90 livros clássicos para apressadinhos

CB010262

90 livros clássicos para apressadinhos

Henrik Lange

tradução e adaptação de Ota

2ª edição

GALERA RECORD
RIO DE JANEIRO • SÃO PAULO
2010

CIP-BRASIL. CATALOGAÇÃO-NA-FONTE
SINDICATO NACIONAL DOS EDITORES DE LIVROS, RJ

L266n
2ª ed.

Lange, Henrik
90 livros clássicos para apressadinhos / Henrik Lange; tradução de Ota
– 2ª ed. – Rio de Janeiro: Galera Record, 2010.

Tradução de: 90 classics books for people in a hurry
Texto em quadrinhos
ISBN 978-85-01-08695-2

1. História em quadrinhos. 2. Livros e leitura. I. Ota. II. Título. III. Noventa clássicos para apressadinhos.

10-0783

CDD: 741.5
CDU: 741.5

Título original em inglês:
90 Classic Books for People in a Hurry

Publicado mediante acordo com Lennart Sane Agency AB.

Texto revisado pelo novo Acordo Ortográfico da Língua Portuguesa

Composição de miolo e capa: Otacorps

Direitos exclusivos de publicação em língua portuguesa somente para o Brasil adquiridos pela
EDITORA RECORD LTDA.
Rua Argentina 171 – Rio de Janeiro, RJ – 20921-380 – Tel.: 2585-2000
que se reserva a propriedade literária desta tradução

Impresso no Brasil

ISBN 978-85-01-08695-2

PEDIDOS PELO REEMBOLSO POSTAL
Caixa Postal 23.052 – Rio de Janeiro, RJ – 20922-970

Livros que eu li:

- ☐ O código Da Vinci
- ☐ O senhor dos anéis
- ☐ Coração das trevas
- ☐ O velho e o mar
- ☐ As crônicas de Nárnia: O Leão, a Feiticeira e o Guarda-Roupa
- ☐ O senhor das moscas
- ☐ A guerra dos mundos
- ☐ 1984
- ☐ Moby Dick
- ☐ O processo
- ☐ A Bíblia
- ☐ Crime e castigo
- ☐ Dom Quixote de La Mancha
- ☐ Vinte mil léguas submarinas
- ☐ A ilha do tesouro
- ☐ O retrato de Dorian Gray
- ☐ As aventuras de Tom Sawyer
- ☐ O nome da rosa
- ☐ Morte em Veneza
- ☐ Lolita
- ☐ Ardil 22
- ☐ Odisseia
- ☐ O apelo da selva
- ☐ Mistério na neve
- ☐ Era uma vez em Watership Down
- ☐ A vida de Pi
- ☐ Almoço nu
- ☐ As aventuras de Alice no País das Maravilhas
- ☐ Náusea
- ☐ Bola de sebo
- ☐ O caso dos dez negrinhos
- ☐ Laranja mecânica
- ☐ O corcunda de Notre-Dame
- ☐ Três garotos num barco
- ☐ Ratos e homens
- ☐ On the road – Pé na estrada
- ☐ O mestre e Margarida
- ☐ O apanhador no campo de centeio
- ☐ Ulisses
- ☐ Nada de novo no front
- ☐ O coração denunciador
- ☐ O submarino
- ☐ Rambo
- ☐ A sombra do vento

- [ ] Watchmen
- [ ] O alquimista
- [ ] Um estranho no ninho
- [ ] As viagens de Gulliver
- [ ] Thérèse Raquin
- [ ] Agência nº 1 de mulheres detetives
- [ ] O perfume
- [ ] Nosso homem em Havana
- [ ] O cemitério
- [ ] A fantástica fábrica de chocolate
- [ ] O guia do mochileiro das galáxias
- [ ] Romeu e Julieta
- [ ] O estrangeiro
- [ ] Frankenstein
- [ ] Fahrenheit 451
- [ ] Robinson Crusoé
- [ ] Psicopata americano
- [ ] O cão dos Baskervilles
- [ ] Admirável mundo novo
- [ ] O lobo da estepe
- [ ] A cabana do Pai Tomás
- [ ] Uma confraria de tolos
- [ ] Cem anos de solidão
- [ ] Factótum
- [ ] O grande Gatsby
- [ ] Orgulho e preconceito
- [ ] Passagem para a Índia
- [ ] Os nus e os mortos
- [ ] Drácula
- [ ] 2001: uma odisseia no espaço
- [ ] Os três mosqueteiros
- [ ] Oliver Twist
- [ ] Em busca do tempo perdido
- [ ] Fome
- [ ] Cidade de vidro
- [ ] O carnê dourado
- [ ] Águas negras
- [ ] O sono eterno
- [ ] O sol é para todos
- [ ] Morte de um caixeiro-viajante
- [ ] A praia
- [ ] Pássaros feridos
- [ ] Ayla, a filha das cavernas
- [ ] O espião que veio do frio
- [ ] Eu sou a lenda
- [ ] A pianista

Psicopata americano
American Psycho, 1991
Bret Easton Ellis (1964-)

Psicopata Americano

Patrick Bateman é um FDP que trabalha em Wall Street. Coisas que ele adora: dinheiro, ele mesmo, sua posição social, cartões de visita, ele mesmo.

Ah, e Patrick também mata gente. Cara legal. E trabalha em Wall Street..

Ele pira tanto que não sabemos se matou mesmo aquela galera ou imaginou tudo.

Mas ele ainda é um FDP de Wall Street. Disso temos certeza.

Passagem para a Índia
A Passage to India, 1924
E. M. Forster (1879-1970)

Passagem para a Índia

Cyril Fielding e o Dr. Aziz são amigos na Índia, mesmo um sendo inglês e o outro indiano.

Depois de uma viagem às Cavernas Marabar, uma moça inglesa, Adela, acusa Aziz de assédio sexual (mas é tudo mentira). A tensão aumenta.

As acusações contra Aziz são retiradas mas Cyril e Aziz não são mais amigos, e provavelmente não vão sê-lo até a independência da Índia.

A praia
The Beach (1996)
Alex Garland (1970-)

A Praia

Richard ganha um mapa de uma praia secreta próxima à Tailândia onde tem toneladas de maconha.

Ele vai até a praia e descobre uma comunidade secreta e toneladas de maconha e por isso fica lá, mas meio que corta o clima do pessoal.

Apesar do baseado rolar solto, a comunidade fica violenta e começam a matar gente. Richard, que não é bobo, se manda da ilha e volta pra Inglaterra!

O sono eterno
The Big Sleep, 1939
Raymond Chandler (1888-1959)

O Sono Eterno

O general Sternwood pede a Phillip Marlowe que o ajude com um chantagista chamado Geiger.

Carmen, a filha ninfomaníaca do general, gosta de dar uns tecos nas pessoas.

Carmen acaba internada e Marlowe fica confuso e acaba sozinho (quer dizer, na companhia do bom e velho gim).

Águas negras
Black Water, 1922
Joyce Carol Oates (1938-)

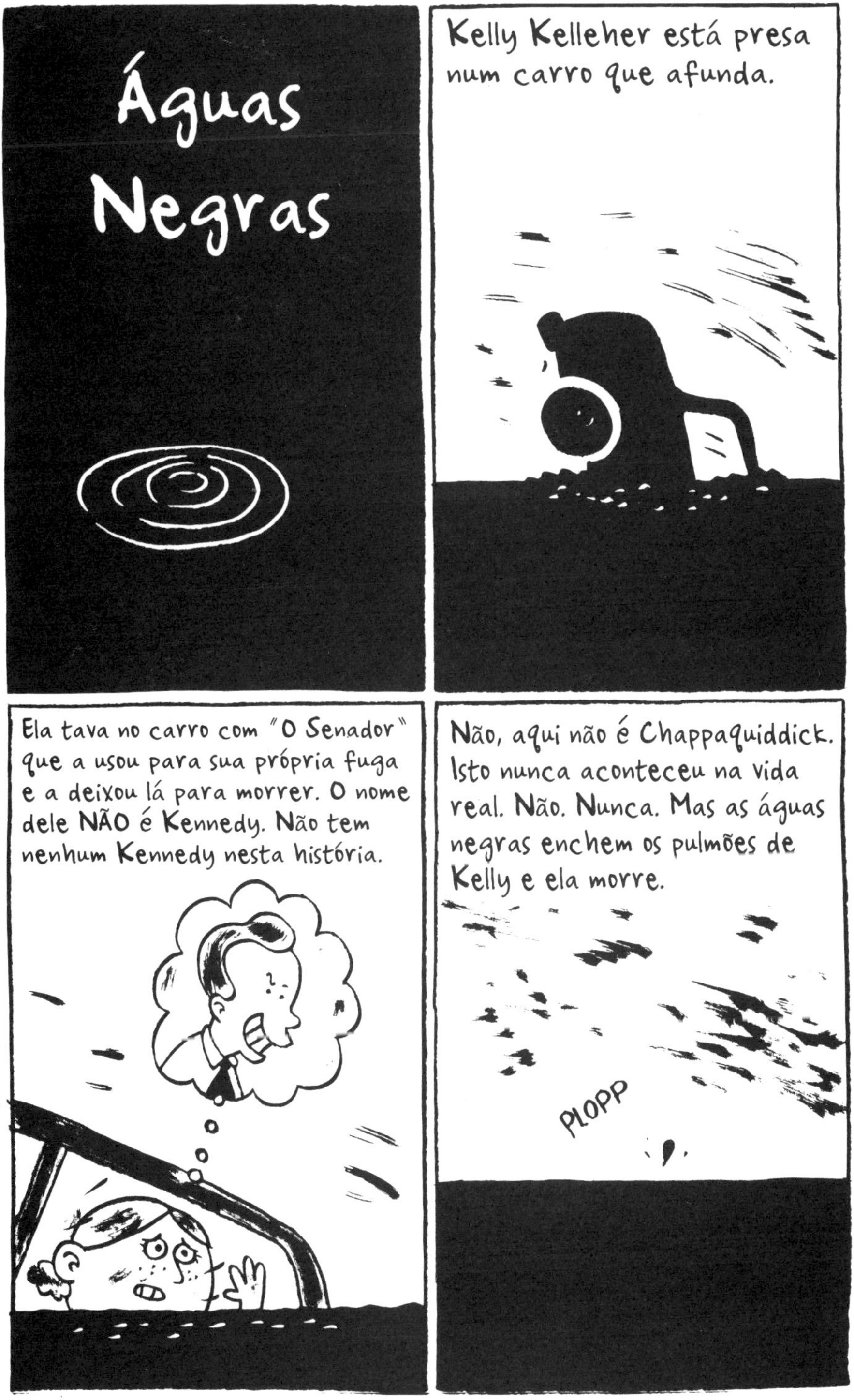
Águas Negras
Kelly Kelleher está presa num carro que afunda.
Ela tava no carro com "O Senador" que a usou para sua própria fuga e a deixou lá para morrer. O nome dele NÃO é Kennedy. Não tem nenhum Kennedy nesta história.
Não, aqui não é Chappaquiddick. Isto nunca aconteceu na vida real. Não. Nunca. Mas as águas negras enchem os pulmões de Kelly e ela morre.
PLOPP

Admirável mundo novo
Brave New World, 1932
Aldous Huxley (1894-1963)

Admirável Mundo Novo

Bernard e Lenina vão passar férias na Ilha Selvagem e conhecem John, um selvagem. Eles o levam para o Estado Mundial só de sacanagem.

No Estado Mundial John vira a alma da festa e as pessoas se entopem de soma, um alucinógeno fornecido pelo Estado, como se não houvesse amanhã.

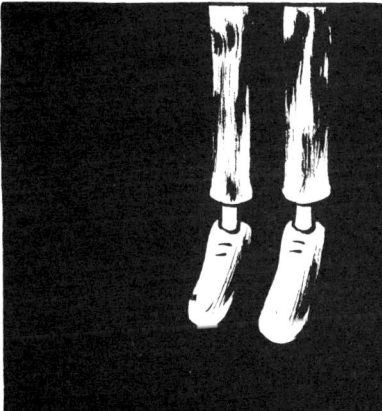

Mas John fica viciado em soma e acaba se matando. Diga não à soma!

Ayla, a Filha das cavernas
Clan of the cave bear, 1980
Jean M. Auel (1936-)

Ayla, a Filha das Cavernas

Ayla, uma menininha perdida, é encontrada e adotada por Neandertais.

Eca! Que feiosa!

Um tempo depois ela é estuprada, emprenhada e expulsa pelo futuro líder da tribo, Broud.
Era duro ser mulher, ainda mais Cro-Magnon, naqueles dias.

Puta da vida, Ayla vai procurar sua turma.

Cidade de vidro
City of Glass, 1987
Paul Auster (1947-)

Cidade de Vidro

Daniel Quinn atende o telefone. Alguém está querendo falar com o detetive Paul Auster.

Daniel pega o caso, fingindo que é detetive. Pedem a ele que siga o maluco Peter Stillman, que está querendo matar o próprio filho.

Daniel, ou Paul (como preferirem), acaba perdendo a pista de Stillman e no fim acaba perdendo também seu apê.

Uma confraria de tolos
A Confederacy of Dunces, 1980
John Kennedy Toole (1937-1969)

Uma Confraria de Tolos

Ignatius Reilly tem 30 anos, não trabalha e mora com a mãe em Nova Orleans. E também usa chapéus ridículos. Em Nova Orleans isso é considerado absolutamente normal.

Sua mãe o obriga a arrumar um emprego, qualquer um, até mesmo de vendedor de cachorros-quentes no Bairro Francês. Ele é despedido de todos.

Como a maioria das pessoas do Bairro Francês, Ignatius corre o risco de ser internado num hospício, mas ele foge com a ex-namorada para Nova York.

NOVA YORK

Morte de um caixeiro-viajante
Death of a Salesman, 1949
Arthur Miller (1915-2005)

Morte de um Caixeiro-Viajante

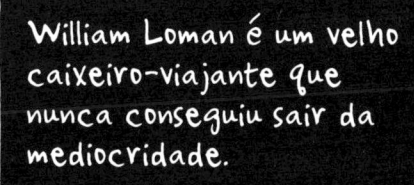

William Loman é um velho caixeiro-viajante que nunca conseguiu sair da mediocridade.

Ele perde o emprego, e agora é um ex-caixeiro-viajante cujos filhos, Biff e Happy, acham que ele é um mané. Com nomes como esses, não dá para discordar deles.

Como o título entrega, ele morre no fim.

Drácula

Dracula, 1897

Bram Stoker (1847–1912)

Drácula

Jonathan Harker é mandado pra Transilvânia pra fazer negócios com Drácula. Ele é trancafiado mas consegue fugir do castelo de Drácula.

Drácula vai pra Londres e dá em cima de Mina, a noiva de Harker, e apronta o diabo na cidade. Harker e o cientista louco Van Helsing perseguem Drácula até a Transilvânia e o matam.

Harker e Mina se casam e ela tem um bebê de dentes pontudos.. Hum, parece que a Mina vai ter que dar algumas explicações.

Fahrenheit 451
Fahrenheit 451, 1953
Ray Bradbury (1920-)

Fahrenheit 451

O trabalho de Guy Montag é queimar livros numa sociedade futurista que tornou todos os livros ilegais.

Nosso bombeiro acaba tendo seu interesse despertado pela leitura. Quando é apanhado, ele mata outro bombeiro e foge em busca de um mundo que goste de livro.s.

Ele encontra um grupo que ainda lê. Se houver uma revolução, a leitura pode voltar a ser lega- lizada... assim todos poderão ler sem medo aquele novo livro da Paris Hilton. Ler é legal!

Rambo
First Blood, 1972
David Morrell (1943-)

Rambo

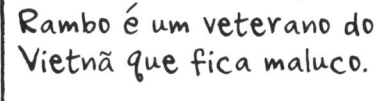
Rambo é um veterano do Vietnã que fica maluco.

Ele mata e destrói metade de uma cidade. Rambo é do mal!

Trautman, o antigo chefe de Rambo, acaba matando Rambo. Salvando o mundo de um monte de continuações com Sylvester Stallone. Por que o cinema não copiou a literatura? Ó, Deus, por que não?

O carnê dourado
Golden Notebook, 1962
Doris Lessing (1919-)

O Carnê Dourado

Anna Wulf é escritora. Imaginem só: um livro sobre uma escritora.

Ela tem 4 caderninhos coloridos: preto, vermelho, amarelo e azul, que cobrem diferentes partes de sua vida. Ela quer juntar todos num todo-poderoso Caderninho Dourado.

No processo ela descobre mais sobre si mesma, entra pro partido dos trabalhadores e vira uma escritora feliz.

O grande Gatsby
The Great Gatsby, 1925
F. Scott Fitzgerald (1896-1940)

O Grande Gatsby

Nick passa o verão perto de Nova York, morando ao lado de um ricaço chamado Gatsby.

Gatsby ama a amiga de Nick, Daisy. Daisy é casada com Tom. Tom está tendo um caso com a mulher do mecânico. O mecânico tá apaixonado pelo carro de Tom, e todo mundo gosta das bebidas grátis na casa do Gatsby. Mas a mulher do mecânico é atropelada.

Gatsby é assassinado na piscina pelo mecânico e ninguém vai ao enterro, nem mesmo Daisy. Lição: se você um dia ficar rico, esqueça seus antigos relacionamentos!

As viagens de Gulliver
Gulliver's Travels, 1726
Jonathan Swift (1667-1745)

As Viagens de Gulliver

Gulliver é um cara que adora viajar. Quando seu barco naufraga, ele vai parar em Lilliput, onde as pessoas são pequenininhas. Mas ele volta pra Inglaterra numa boa.

So que ele resolve viajar de novo e acaba indo parar em Brobingnag onde todo mundo é gigante. Mas, é claro, ele consegue escapar de lá.

Após mais algumas viagens e naufrágios ele vai dar em Houyhnhnms onde os cavalos são inteligentes e as pessoas terríveis. Mister Ed é de lá. Gulliver volta e passa a falar com cavalos.

Sua família adora.

O guia do mochileiro das galáxias
The Hitchhiker's Guide to the Galaxy, 1979
Douglas Adams (1952-2001)

O Guia do Mochileiro das Galáxias

Arthur Dent e Ford Perfect conseguem fugir da Terra (que, a propósito, é um computador gigante) segundos antes dos Vogons destruírem ela.

Eles pegam carona pelo universo em busca da Pergunta Fundamental da Vida e pelo caminho encontram uma porrada de criaturas espaciais maneiras.

Alguns livros depois, os Vogons assumem o controle e finalmente destroem a Terra... de novo.

Cem anos de solidão
Cien Anos de Soledad, 1967
Gabriel García Márquez (1927-)

Cem Anos de Solidão

Este livro acompanha uma família na cidade de Macondo, começando com personagens como José Arcádio, que todo mundo acha que é maluco.

Sete gerações se passam durante esses 100 anos, e todo mundo tem os mesmos nomes, como José, Arcádio, Aureliano ou todos acima juntos.

Na sétima geração o bebê Aureliano (viram? Não falei?) é carregado por formigas que provavelmente se chamavam José ou Arcádio ou...

Eu sou a lenda
I Am Legend, 1954
Richard Matheson (1926-)

Eu Sou a Lenda

Robert Neville tá numa fria: uma praga infectou e transformou todo mundo em vampiros.

Mas é pior ainda: ele tá preso em Los Angeles (Sim! É um livro de terror.)

Ele caça os vampiros de dia e se esconde deles à noite.

No fim, percebe que ELE é que é o esquisitão, porque todo mundo em L.A. é maluco. Por isso ele toma pílulas pra atenuar a dor da morte. Bem-vindo a Hollywood!

Em busca do tempo perdido
À la recherche du temps perdu, 1913-1927
Marcel Proust (1871-1922)

Em Busca do Tempo Perdido

Marcel Proust escreveu mais de 1000 páginas baseado nas memórias que vieram quando o narrador mergulha uma madeleine no seu chá.

Suas memórias incluem montes de sexo, geralmente entre duas mulheres.

O autor é francês, por isso essas são memórias-padrão francesas.

As memórias rolam: pessoas riem, choram, dormem umas com as outras e tentam conquistar seu espaço na sociedade de tudo que é jeito. O narrador, naturalmente, decide escrever um romance no fim, com todas as memórias que acabamos de ouvir. Bem conveniente.

Agência nº. 1 de mulheres detetives
The No. 1 Ladies Detective Agency, 1999
Alexander McCall Smith (1948-)

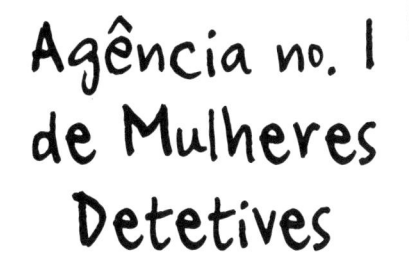

Agência no. 1 de Mulheres Detetives

Precious Ramotswe usa sua herança para abrir uma agência de detetives em Botsuana.

Pelo caminho, ela resolve alguns problemas do dia a dia para pessoas e fala sobre a África e seus animais.

Ei, a Precious até transa com um negão local. É isso ai, garota!

O perfume
Das Parfum, 1985
Patrick Susskind (1949-)

O Perfume

Grenouille é um francês que, ironicamente, não tem "cheiro natural" mas tem o dom do olfato. As pessoas o desprezam.

Ele cresce e vira um jovem francês que mata pessoas para pegar o cheiro delas para fazer perfumes.

Desgostoso, Grenouille despeja em si mesmo o melhor perfume de todos os tempos e volta para sua terra. A galera avança pra ele, o corta em pedacinhos, e depois o come. Era melhor ainda que Drakkar Noir. Espetacular.

O cemitério
Pet Sematary, 1983
Stephen King (1947-)

O Cemitério

Louis é um homem que tem dificuldade em lidar com suas perdas.

Primeiro, ele enterra seu filho num cemitério sinistro que traz os mortos de volta à vida. Surpresa! O filho volta mau e tem que ser morto de novo.

Mas ele aprende? Que nada. Ele enterra sua esposa lá também e ela volta má. Como uma Britney Spears do mal. Louis não aprende mesmo....

Querido...

A pianista

Die Klavierspielerin, 1983

Elfriede Jelinek (1946-)

A Pianista

Erika Kohut é uma mulher que tem uma certa bagagem pessoal. Ela ensina piano, mas mora com sua mãe dominadora e, Ah! ela também tem desejos sadomasoquistas extremos. É, tem isso também.

Um dos seus alunos de piano, Walter, se apaixona por ela e Erika escreve um "bilhete de amor" detalhando como ele deveria maltratá-la. Primeiro ele se nega, mas depois dá uma surra e a estupra. Não é um relacionamento normal. –

Erika vai ao recital de piano e vê Walter e o que ela faz? Se autoesfaqueia.

Aparentemente é isso que amantes que não fazem terapia costumam fazer.

A sombra do vento
La sombra del viento, 2001
Carlos Ruiz Zafón (1964-)

A Sombra do Vento

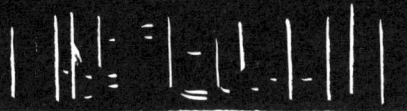

Daniel é um jovem que pega um livro numa biblioteca secreta e fica obcecado por ele e seu autor.

Ele é seguido por várias pessoas, inclusive o brutal Inspetor Fumero. Alguém devia ter dito a ele que teria sido melhor ler um livro diferente.

Depois de muitas peripécias o Inspetor é morto e Daniel e o autor podem descansar em paz.

O estrangeiro
L'Étranger, 1943
Albert Camus (1913-1960)

O Estrangeiro

Meursault é um camarada existencial que não acredita em nada. Ele pode suar, mas não chora no funeral da mãe.

Certo dia de sol, Mersault mata um árabe na praia inspirando uma música do Cure.

Ele pega a pena de morte e fica consolado quando percebe que o universo não se importa com qualquer um de nós.

Isso deixa a gente feliz.

O espião que veio do frio

The Spy Who Came in from the Cold, 1963

John le Carré (1931–)

O Espião que Veio do Frio

Alec Leamas é um espião inglês tentando ferrar um espião da Alemanha Oriental.

Ele provavelmente deseja ser James Bond porque Bond pega mais mulheres gostosas e sempre sai vivo das paradas.

Leamas, como um bom espião, vai para Berlim Oriental pra sacanear o espião alemão Mundt. Isso seria moleza pro James Bond.

As coisas vão melando e Leamas e sua namorada acabam levando uns tecos dos alemães orientais. Leamas morre pensando por que não foi o Ian Fleming que escreveu o livro, em vez do desgraçado do John Le Carré.

Pássaros feridos
The Thorn Birds, 1977
Colleen McCullough (1937-)

Pássaros Feridos

Meggie Clearly é uma jovem australiana precoce que se apaixona pelo padre local, Ralph.

Como a maioria das pessoas obsessivas, Meggie persegue Ralph e eles finalmente consumam o relacionamento. Ééé! A carne é fraca!

Ralph, agora um cardeal, morre pouco depois de descobrir que é pai do filho de Meggie. Se o Vaticano descobrisse ia ser a maior sujeira. Ei, peraí! Parece que eles já sabem!

Os três mosqueteiros
Les Trois Mousquetaires, 1844
Alexandre Dumas (1802–1870)

Os Três Mosqueteiros

D'Artagnan vai pra Paris com o intuito de se tornar mosqueteiro. Então ele encontra três caras que já são mosqueteiros e fica amigo deles.

Claro, tem sempre uma mulher na parada. A deste livro é a bela porém criminosa Milady, aparentemente capaz de seduzir todos os homens.
E à medida que a história se desenrola, é o que ela faz.

Mate o d'Artagnan!

Mas no fim Milady é decapitada e d'Artagnan vira um mosqueteiro oficial.

O sol é para todos
To Kill a Mockingbird, 1960
Harper Lee (1926-)

O Sol É Para Todos

Atticus Finch é um advogado sulista que defende Tom Robinson, um negro injustamente acusado de estuprar uma mulher branca.

Mesmo Atticus tendo provado que Tom é inocente, ele é condenado e executado do mesmo jeito. Esperavam o quê? Eles tão no Alabama!

Os filhos de Atticus são atacados pelo pai da menina estuprada, mas eles são salvos pelo vizinho esquisitão Boo Radley. Mais um dia ao sul da linha Mason-Dixon.

A cabana do Pai Tomás

Uncle Tom's Cabin, 1852

Harriet Beecher Stowe (1811–1896)

A Cabana do Pai Tomás

Pai Tomás, escravo numa fazenda de Kentucky, é vendido e muda de dono.

Tomás acaba parando nas mãos de um fazendeiro sacana em Louisiana. Tomás apanha pra cacete mas continua sendo um cristão.

Sua fé se espalha quando ele perdoa os brancos que o mataram e isso muda o destino deles.

O código Da Vinci
The Da Vinci Code, 2003
Dan Brown (1964-)

O Código Da Vinci

Depois que matam um cara no Louvre, Robert Langdon é perseguido quando tenta resolver o caso; isso mostra que museus são do mal.

Robert e Sophie, que está tentando ajudá-lo, são caçados por religiosos maníacos e fanáticos quando saem em busca do Cálice Sagrado; isso mostra que o Opus Dei é do mal.

No fim descobrem que Maria Madalena é o Cálice Sagrado e Sophie é descendente dela e de Jesus. A igreja católica pensa que isso é do mal.

O senhor dos anéis
Lord of the Rings, 1954 e 1955
J.R.R. Tolkien (1892-1973)

O Senhor dos Anéis

Frodo é um hobbit que encontra um anel mágico que controla o mundo. Mas o anel é do mal, por isso tem que se livrar dele.

Parece que tudo que é de ruim na Terra Média vai atrás dele, mas ele consegue se safar.

Frodo consegue chegar na Montanha da Perdição e o anel é destruído pelo fogo e o mundo está a salvo de novo. Até que isso daria um bom filme, né?

Coração das trevas
Heart of Darkness, 1899
Joseph Conrad (1857-1924)

Coração das Trevas

Marlow é capitão de um barco no Congo Belga colonial.

Ele sobe o rio à procura de Kurtz, o chefe da companhia que parece ter ficado louco.

Ele encontra Kurtz, que vive colocando caveiras em estacas e escrevendo poesia, e que virou um pirado total.

O velho e o mar
The Old Man and the Sea, 1952
Ernest Hemingway (1899-1961)

O Velho e o Mar

Santiago é um velho pescador que não consegue pegar nada por 84 dias.

Ele decide levar o barco bem longe pra achar a porra de um peixe.

Depois de ficar falando sozinho um tempão, ele pega a porra de um marlim.

Mas tubarões comem o marlim e ele fica só com a carcaça. E continua velho, ainda por cima.

As crônicas de Nárnia: O Leão, a Feiticeira e o Guarda-Roupa

The Chronicles of Narnia: The Lion, the Witch and the Wardrobe, 1950

C. S. Lewis (1898-1963)

As Crônicas de Nárnia: O Leão, a Feiticeira e o Guarda-Roupa

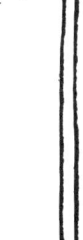

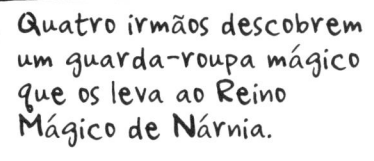

Quatro irmãos descobrem um guarda-roupa mágico que os leva ao Reino Mágico de Nárnia.

A malvada Feiticeira Branca tenta matar os moleques mas eles são salvos pelo Rei Aslam, o leão mágico que sacrifica sua vida pela das crianças.

As crianças viram reis e rainhas e no fim voltam ao mundo real como crianças novamente.

O senhor das moscas
Lord of the Flies, 1954
William Golding (1911-1993)

O Senhor das Moscas

Ralph e Piggy (adivinhe quem é quem) ficam encalhados numa ilha deserta com outros garotos depois que um avião cai.

Eles se dividem em grupos e começa uma guerra. Pessoas morrem. Isso é o que acontece quando escoteiros ficam maus.

Então Jack, o pior de todos, toca fogo na ilha, o que acaba atraindo a atenção de um navio da Marinha que vem salvá-los.

O capitão diz que era de se esperar mais de garotos britânicos.

A guerra dos mundos
War of the Worlds, 1898
H. G. Wells (1866-1946)

A Guerra dos Mundos

Uns marcianos pousam na Terra e começam a matar os humanos.

Os alienígenas barbarizam e a galera corre pra se salvar.

Mas os marcianos invencíveis são derrotados por micróbios e leva um bom tempo pra que eles aprendam noções básicas, como lavar as mãos. Isso foi muito antes da Gripe Suína..

ATXIM!

1984
Nineteen Eighty-four, 1949
George Orwell (1903-1950)

1984

Winston Smith vive na Oceania — uma nação totalitária onde o manda-chuva é o Grande Irmão.

Winston conhece e se apaixona por Julia e resolve se juntar à irmandade dos rebeldes.

Mas é uma armadilha! Fazem uma lavagem cerebral nele e ele vira um zumbi que bebe gim o dia inteiro. Até que não é tão mau, não é mesmo?

Moby Dick
Moby-Dick, 1851
Herman Melville (1819-1891)

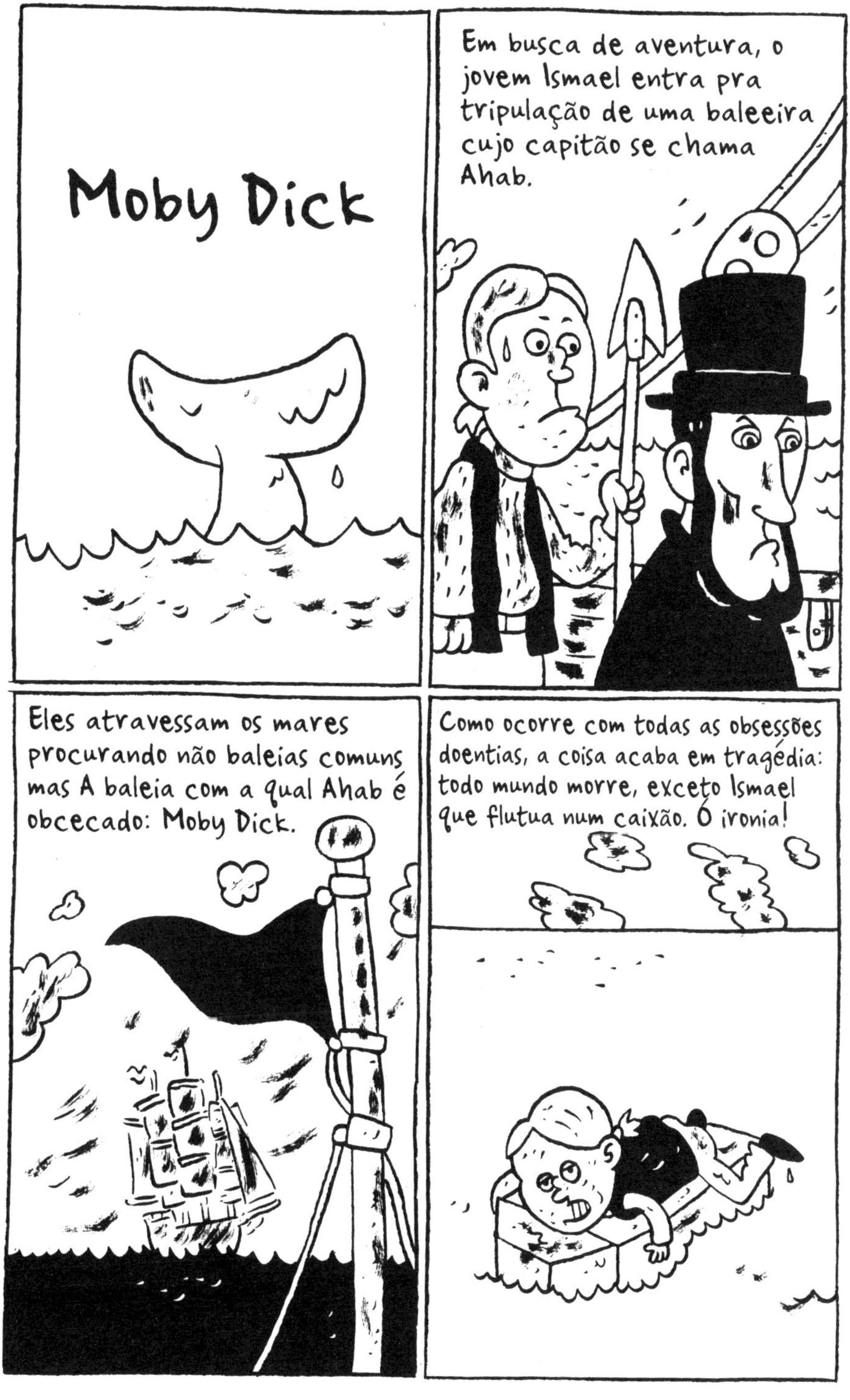
Moby Dick
Em busca de aventura, o jovem Ismael entra pra tripulação de uma baleeira cujo capitão se chama Ahab.
Eles atravessam os mares procurando não baleias comuns mas A baleia com a qual Ahab é obcecado: Moby Dick.
Como ocorre com todas as obsessões doentias, a coisa acaba em tragédia: todo mundo morre, exceto Ismael que flutua num caixão. Ó ironia!

O processo
Der Prozess, 1925
Franz Kafka (1883-1924)

O Processo

§

Josef **K** é preso no dia de seu aniversário, não temos certeza por quê. Nem ele.

Ele entra num labirinto de processos que não dão em nada. Se você já foi jurado alguma vez, sabe do que estamos falando.

No final, Josef **K** é morto, ainda sem saber por quê.

Um a zero pro sistema legal!

A Bíblia

A Bíblia

No início Deus criou tudo (não virou feriado).

Na segunda parte do livro nasce o filho de Deus, Jesus (vira feriado!); que depois morre na cruz por nossos pecados (feriado).

E, no fim, é provável que todo mundo acabe indo pro inferno.

Crime e castigo
Prestuplenie i nakazanie, 1866
Fiódor Dostoiévski (1821-1881)

Crime e Castigo

Raskolnikov decide matar uma agiota FDP e sua irmã.

Mas então, surpresa, surpresa: a paranoia toma conta dele.

Ele decide se livrar da culpa tirando férias forçadas numa prisão na Sibéria...

...onde descobre que ainda é capaz de amar. Um final feliz de Dostoiévski!

Dom Quixote de La Mancha

El ingenioso hidalgo Don Qvixote de La Mancha, 1605

Miguel de Cervantes (1547-1616)

Dom Quixote de La Mancha

Dom Quixote, na época em que ainda não tinha TV, lia pra cacete e ficou com umas ideias malucas.

Ele ataca moinhos que pensa serem gigantes e até o cavalo dele acha que ele é louco.

Ele descobre que não tem mais lugar pra heróis no mundo e resolve voltar pra casa. O cavalo dá graças a Deus (e os moinhos também).

Vinte mil léguas submarinas
Vingt mille lieues sous les mers, 1870
Julio Verne (1828-1905)

Vinte Mil Léguas Submarinas

O professor Arronax, um cientista francês, comanda uma expedição pra destruir um monstro marítimo.

O monstro é na verdade um submarino capitaneado por Nemo. Arronax é levado a bordo.

Arronax escapa com 2 outros prisioneiros para a costa da Noruega, enquanto o submarino é sugado por um redemoinho.

A ilha do tesouro
Treasure Island, 1883
Robert Louis Stevenson (1850-1894)

A ILha do Tesouro

Quando seus pais são donos de uma taberna no litoral, dá pra encontrar aventura. É o que acontece com Jim Hawkins, que encontra um mapa do tesouro que o pirata Billy Bones deixou pra trás.

Jim se junta a um monte de marinheiros (incluindo Long John Silver) que estão procurando o tesouro perdido do Capitão Flint na Ilha do Tesouro. (Arggghhhh!)

Eles acabam dando sorte e dão uma volta nos piratas, e levam seus dobrões de ouro pra Inglaterra.

Ah, a vida de pirata!

O retrato de Dorian Gray
The Picture of Dorian Gray, 1890
Oscar Wilde (1854-1900)

O Retrato de Dorian Gray

Dorian, um cara que só pensa em si mesmo, adquire um lindo quadro, adivinhe de quem? Nessa era pré-botox, ele deseja que o quadro envelheça em vez dele.

Dá certo! E, cada vez que comete algum ato libertino, o quadro vai ficando pior. Dorian ainda parece jovem. Foda-se a cirurgia plástica!

A culpa o deixa inquieto e ele destrói o quadro maligno. Ele fica velho e o quadro fica jovem. Todo mundo em Los Angeles devia aprender uma lição disso.

As aventuras de Tom Sawyer
The Adventures of Tom Sawyer, 1876
Mark Twain (1835-1910)

As Aventuras de Tom Sawyer

PROCURADO

ÍNDIO JOE

Tom e seu camarada Huckleberry Finn são testemunhas de um assassinato cometido por Injun Joe.

Tom decide testemunhar no tribunal que Joe matou o cara. Mais tarde Joe prende Tom numa caverna. Isso ensina que ser testemunha pode ser uma fria.

Mas Tom escapa e junto com Huck pega o ouro escondido de Joe. Eles são heróis, por isso talvez haja uma recompensa por cumprirmos nosso dever cívico.

O nome da rosa
Il Nome della Rosa, 1980
Umberto Eco (1932-)

O Nome da Rosa

O monge William de Baskerville vai até uma abadia onde um crime foi cometido.

Todo dia morre um monge, inclusive um que é afogado num barril de sangue de porco.

No final, o verdadeiro assassino é um livro de comédia na biblioteca secreta da abadia.

Não se preocupe, este livro não fará isso com você.

Morte em Veneza
Der Tod in Venedig, 1912
Thomas Mann (1875-1955)

Morte em Veneza

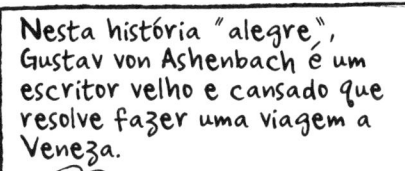

Nesta história "alegre", Gustav von Ashenbach é um escritor velho e cansado que resolve fazer uma viagem a Veneza.

Ele está solitário em Veneza (uma surpresa para um escritor) e se apaixona por um jovem rapaz polonês.

Aí ele morre. O que, pra um escritor velho e cansado, não é tão mau assim.

Lolita

Lolita, 1955

Vladimir Nabokov (1899-1977)

Lolita

Humbert, um cara com certos "problemas", se apaixona por uma menina de 12 anos, Lolita. Aí ele casa com a mãe dela, Charlotte, pra ficar perto da guria.

Humbert leva Lolita numa viagem pelo país e acabam consumando o relacionamento. Não falei que o cara era problemático?

Lolita se manda. Anos depois, Humbert reencontra Lolita, grávida, paga pra saber quem emprenhou ela e mata o cara.

Talvez a terapia tivesse ajudado.

Ardil 22
Catch 22, 1961
Joseph Heller (1923-1999)

Ardil 22

Yossarian é um piloto da II Guerra que não quer voar. Sinto uma certa ironia aqui.

Ele tem a ideia maluca de fingir que tá doente, assim não vai ter que voar.

Mas há um Ardil 22: só um cara doente ia querer voar, então não querer voar significa que ele não pode estar doente.

E ele vai para a Suécia — sem dúvida um lugar muito mais feliz.

Odisseia

Odisseia, sec. 8 a.C

Homero (aprox. séc. 8 a.C)

Odisseia

Ulisses está voltando pra casa pra rever sua esposa Penélope depois de um longo dia de trabalho em Troia. Mas ele encontra desafios como os ciclopes...

...e sereias, que são altamente tentadoras para um cara que tá num barco junto com outros homens fedorentos que não tomam banho há um tempão.

Ulisses, feliz por sair do barco maldito, chega em casa e mata todos aqueles caras que tavam querendo pegar a mulher dele.

O apelo da selva
The Call of the Wild, 1903
Jack London (1876-1916)

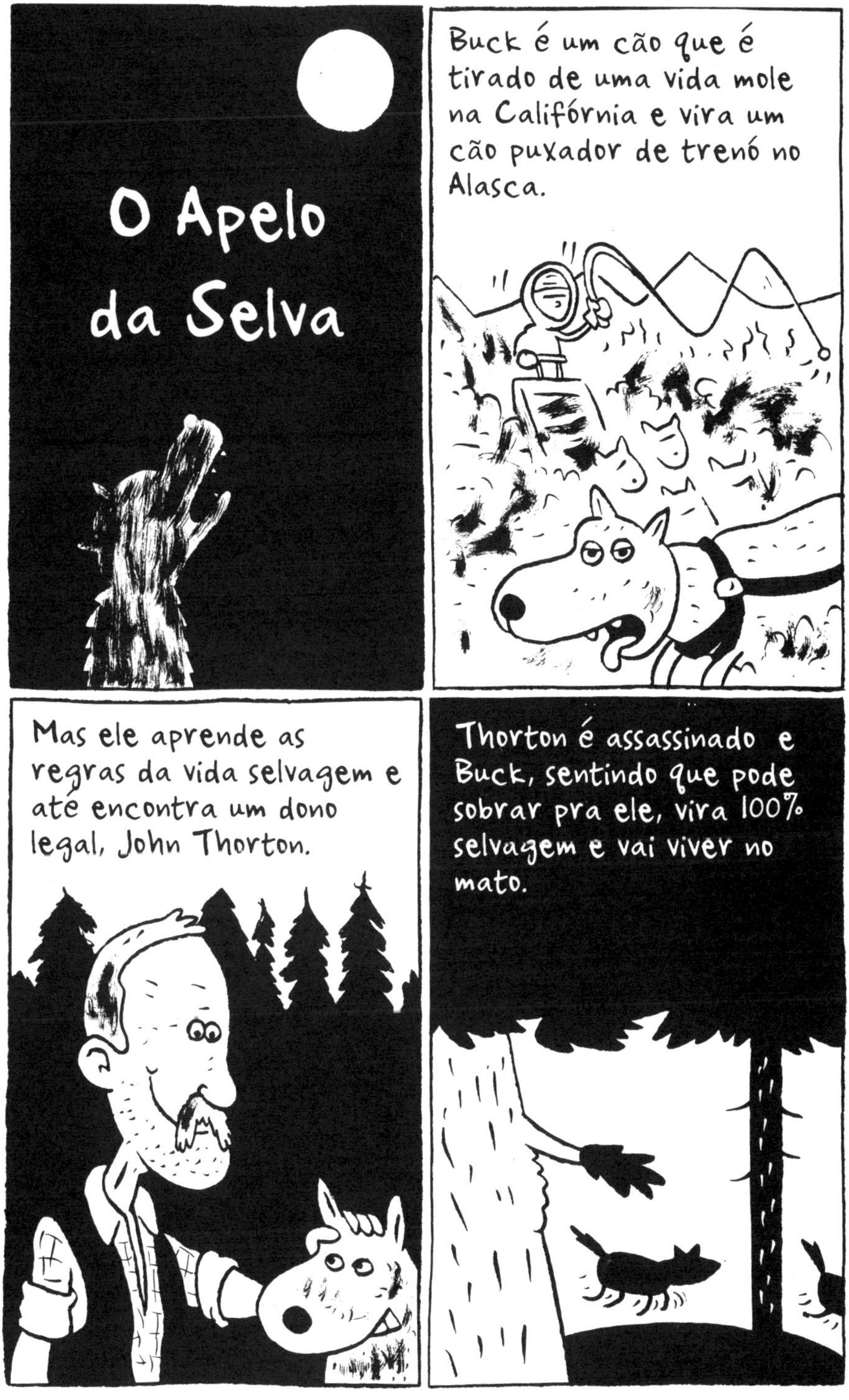
O Apelo da Selva
Buck é um cão que é tirado de uma vida mole na Califórnia e vira um cão puxador de trenó no Alasca.
Mas ele aprende as regras da vida selvagem e até encontra um dono legal, John Thorton.
Thorton é assassinado e Buck, sentindo que pode sobrar pra ele, vira 100% selvagem e vai viver no mato.

Mistério na neve
Smilla's Sense of Snow, 1992
Peter Høeg (1957-)

Mistério na Neve

Smilla investiga a morte de um jovem rapaz chamado Isiah, que caiu de um telhado em Copenhague.

Ela fica sabendo que o segredo está numa ilha gelada perto da Groenlândia e pega uma carona num quebra-gelo para chegar ao fundo do mistério.

Na ilha ela acha um meteoro que está por trás de toda essa encrenca. Ela é perseguida por pessoas que escondem o segredo, e fica o tempo todo desejando ter ido pra Jamaica em vez da Dinamarca.

Era uma vez em Watership Down
Watership down, 1972
Richard Adams (1920-)

Era Uma Vez em Watership Down

Um coelho chamado Hazel fica sabendo da destruição de seu criadouro e convence o resto da galera a fugir.

Eles partem em busca de um novo lar e sofrem pra cacete no caminho, e o pior é que não tem fêmeas na parada! Hellooooou!? Esqueceram as mulheres? Eles são COELHOS, certo?

O grupo acaba encontrando umas garotas. Eles montam uma comunidade feliz em Watership Down e vivem felizes para sempre.

A vida de Pi
Life of Pi, 2001
Yann Martel (1963-)

Coitado do Pi, um náufrago num bote com uma zebra, uma hiena, um orangotango e um tigre chamado Richard Parker. Por que alguém seria capaz de colocar um tigre num barco pequeno está além da compreensão deste leitor.

A Vida de Pi

Aí o Richard Parker come alguns dos bichos. Mas também, né, o que seria de se esperar? Ele é um tigre!

Depois de 227 dias, sobram só o Pi e o tigre. Aí eles vão dar na costa mexicana e o tigre cai fora, deixando o Pi sozinho. Será que era mesmo um tigre?

Almoço nu
Naked Lunch, 1959
William S. Burroughs (1914-1997)

Almoço Nu

O agente William Lee é um exterminador e também um doidão em busca de uma onda.

Ele passa um monte de tempo e páginas num clima de doideira provocada pelos inseticidas no qual confraterniza com centopeias e participa de orgias violentas.

Lee, apenas um doidão gente boa, mata os canas que tavam atrás dele e foge. Notem que o Comando Vermelho não aprova nada nesse livro e afirma que drogas não são capazes de gerar festas com centopeias.

As aventuras de Alice no País das Maravilhas
Alice's Adventures in Wonderland, 1865
Lewis Carroll (1832-1898)

As Aventuras de Alice no País das Maravilhas

Alice é uma menininha que de repente vê um coelho passar com um relógio de bolso na mão. Até aqui tudo bem, pra uma criança.

Depois de umas experiências dignas de um Timothy Leary, ela vai parar numa festa maluca, mas sai achando que foi insultada.

No final, Alice acorda e descobre que foi tudo um sonho e conta à irmã, que lhe dá seus CDs do Grateful Dead e ácido no seu aniversário.

Náusea

La Nausée, 1938

Jean-Paul Sartre (1905-1980)

Náusea

Antoine é um cara que nunca faz porra nenhuma a não ser meditar sobre a falta de sentido da vida. Isso o deixa nauseabundo. Que merda!

Ele não tem emprego, amigos, odeia a cidade e o livro que tá escrevendo, e pra piorar sua ex-namorada, Anny, não quer nada com ele. Que merda!

Ele acha que escrever um livro vai trazer algum sentido pra sua vida. Mas isso não vai anular o fato de que ele é um mané e nunca vai ter uma namorada. QUE MERDA!!!

Bola de sebo
Boule de Suif, 1884
Guy de Maupassant (1850-1893)

Bola de Sebo

Um grupo foge da Guerra franco-prussiana com a prostituta Bola de Sebo.

Ela dá comida pra todo mundo e se torna a melhor amiga deles. Quem disse que amigos não podem ser comprados?

Bola é forçada a dormir com um oficial prussiano pra que eles possam fugir, mas aí todos passam a desprezá-la.

Será que não seria bom ela encher eles de comida de novo?

O caso dos dez negrinhos
Ten Little Niggers, 1939
Agatha Christie (1890-1976)

O Caso dos Dez Negrinhos

Dez pessoas (todos assassinos) são atraídos a mansão numa ilha e são acusados de crimes que cometeram mas pelos quais nunca pagaram.

Eles não têm como sair da ilha e são mortos um por um, sem saber quem é o assassino.

Todo mundo morre e o assassino deixa uma carta confessando os crimes e declarando que cometeu suicídio.

Era o Juiz Wargrave.

Laranja mecânica
A Clockwork Orange, 1962
Anthony Burgess (1917–1993)

Laranja Mecânica

Alex e sua gangue saem por aí espancando gente e bebendo leite.

Ele vai pra reabilitação e passa pelo método Ludovico, onde é forçado a escutar música de Beethoven enquanto vê cenas de violência.

Quando é liberado, violência e Beethoven o fazem passar mal. Aí ele apanha pra cacete. Ser bonzinho não compensa.

O corcunda de **Notre-Dame**
Notre Dame de Paris, 1831
Victor Hugo (1802–1885)

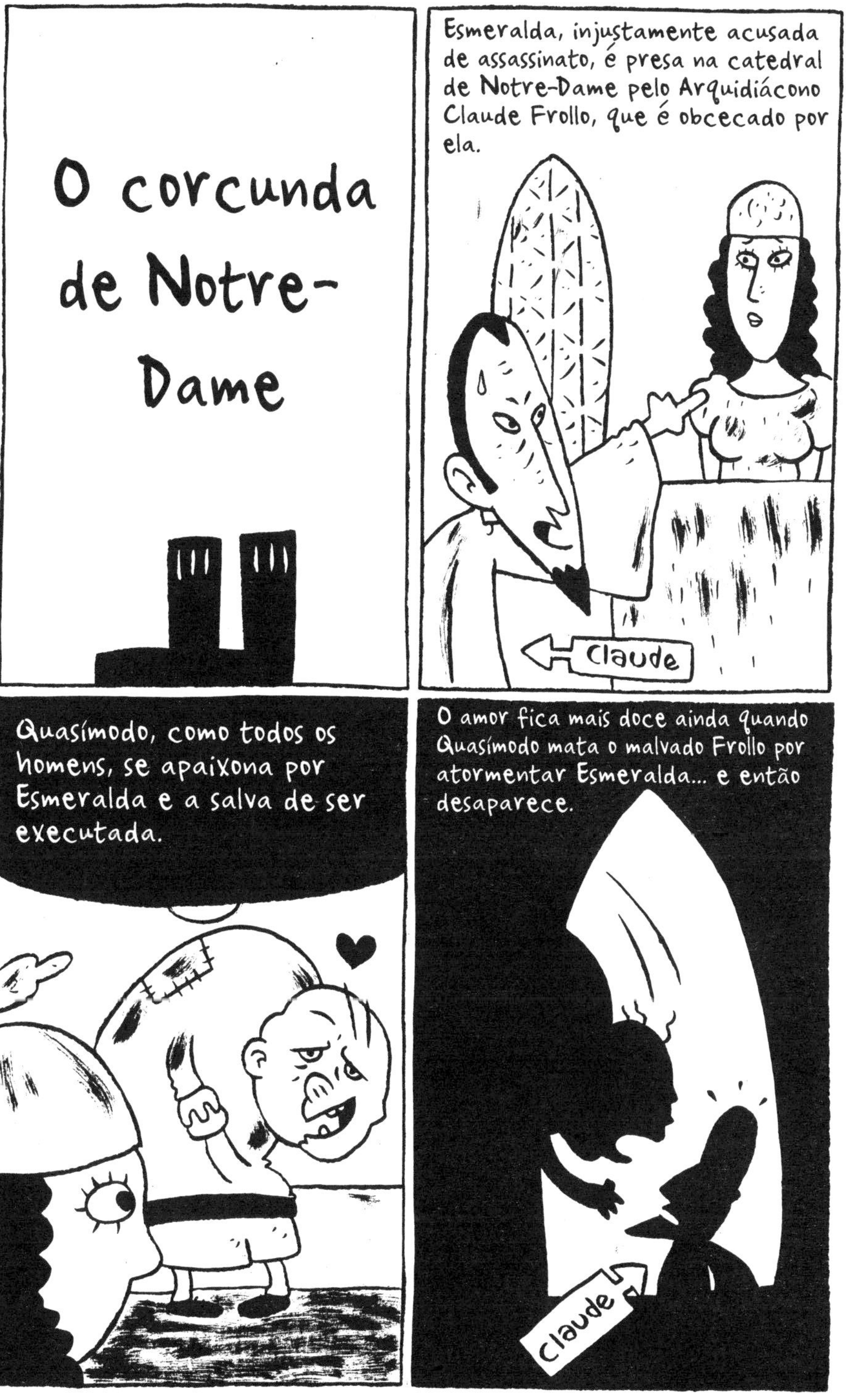
O corcunda de Notre-Dame
Esmeralda, injustamente acusada de assassinato, é presa na catedral de Notre-Dame pelo Arquidiácono Claude Frollo, que é obcecado por ela.
Claude
Quasímodo, como todos os homens, se apaixona por Esmeralda e a salva de ser executada.
O amor fica mais doce ainda quando Quasímodo mata o malvado Frollo por atormentar Esmeralda... e então desaparece.
Claude

Três garotos num barco
Three Men in a Boat, 1889
Jerome K. Jerome (1859-1927)

Três Garotos num Barco

Uns caras resolvem subir o Tâmisa num barco porque parece ser divertido.

Começa a chover e a comida deles estraga. Rá, rá rá, que divertido.

Aí eles voltam pra casa, mas primeiro dão uma parada num pub. Hilariante.

Ratos e homens
Of Mice and Men, 1937
John Steinbeck (1902-1968)

Ratos
e Homens

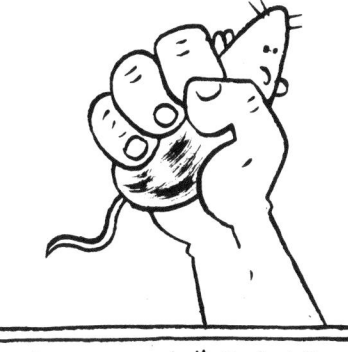

George Milton e Lennie são vaqueiros. Lennie gosta de sonhar que está maltratando e matando coelhos.

Lennie, o grandalhão bobão, mata a esposa do filho do dono do rancho quando tenta tocar no cabelo dela.

George mata Lennie para salvá-lo de ir pra cadeia. É pra isso que servem os amigos!

On the Road — Pé na estrada
On the road, 1957
Jack Kerouac (1922-1969)

On the Road- Pé na Estrada

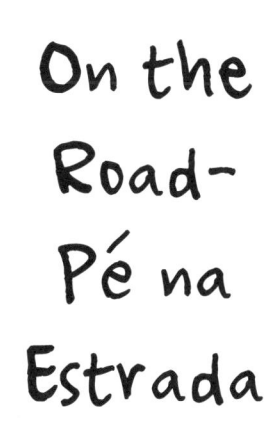

Sal Paradise viaja pelos EUA em busca de diversão.

Ele cola com Dean Moriarty e eles viram uma dupla irada.

Depois que Dean abandona Sal no México no meio de uma nuvem de fumaça, Sal volta pra Nova York e suas aventuras acabam que nem aquele último tapa no último baseado.

O mestre e Margarida
Мастер n Маргарnta (1928–1966)
Mikhail Bulgakov (1891–1940)

O Mestre e Margarida

Woland, o mágico, é o Diabo e visita Moscou atrás da elite literária. Ele chega com uma companhia muito estranha: um gato preto que fala rápido e adora vodca e armas.

O mestre está na prisão por causa de seu livro sobre Jesus. Margarida vira bruxa pra salvá-lo e dá o Baile do Diabo.

Woland dá paz a eles mas não salvação, e depois cai fora.

O apanhador no campo de centeio
The Catcher in the Rye, 1951
J. D. Salinger (1919-2010)

O Apanhador no Campo de Centeio

Holden Caulfield é expulso da escola e vai pra Nova York.

Holden fica perambulando por Manhattan se lamentando.

Então a ansiedade adolescente dá lugar a um "momento Hallmark" quando Holden vê sua irmã num carrossel. Aí ele decide dar uma nova chance à escola.

Ulisses
Ulysses, 1922
James Joyce (1882-1941)

Ulisses

Todo dia devia começar com um bom desjejum. Então por que não começar um dos maiores livros de todos os tempos com Leopold Bloom e Stephen Dedalus tomando seu café da manhã em Dublin?

Leopold e Stephen volta e meia se encontram e bebem como bons irlandeses pela cidade. E há cerca de 800 páginas de boa prosa também.

Depois que visitam um puteiro, Stephen deixa Leopold em casa. Então a esposa de Leopold, Molly, termina o livro esquecendo como usar a pontuação por algo como um milhão de páginas.

Nada de novo no front
Im Westen nichts Neues, 1929
Erich Maria Remarque (1898–1970)

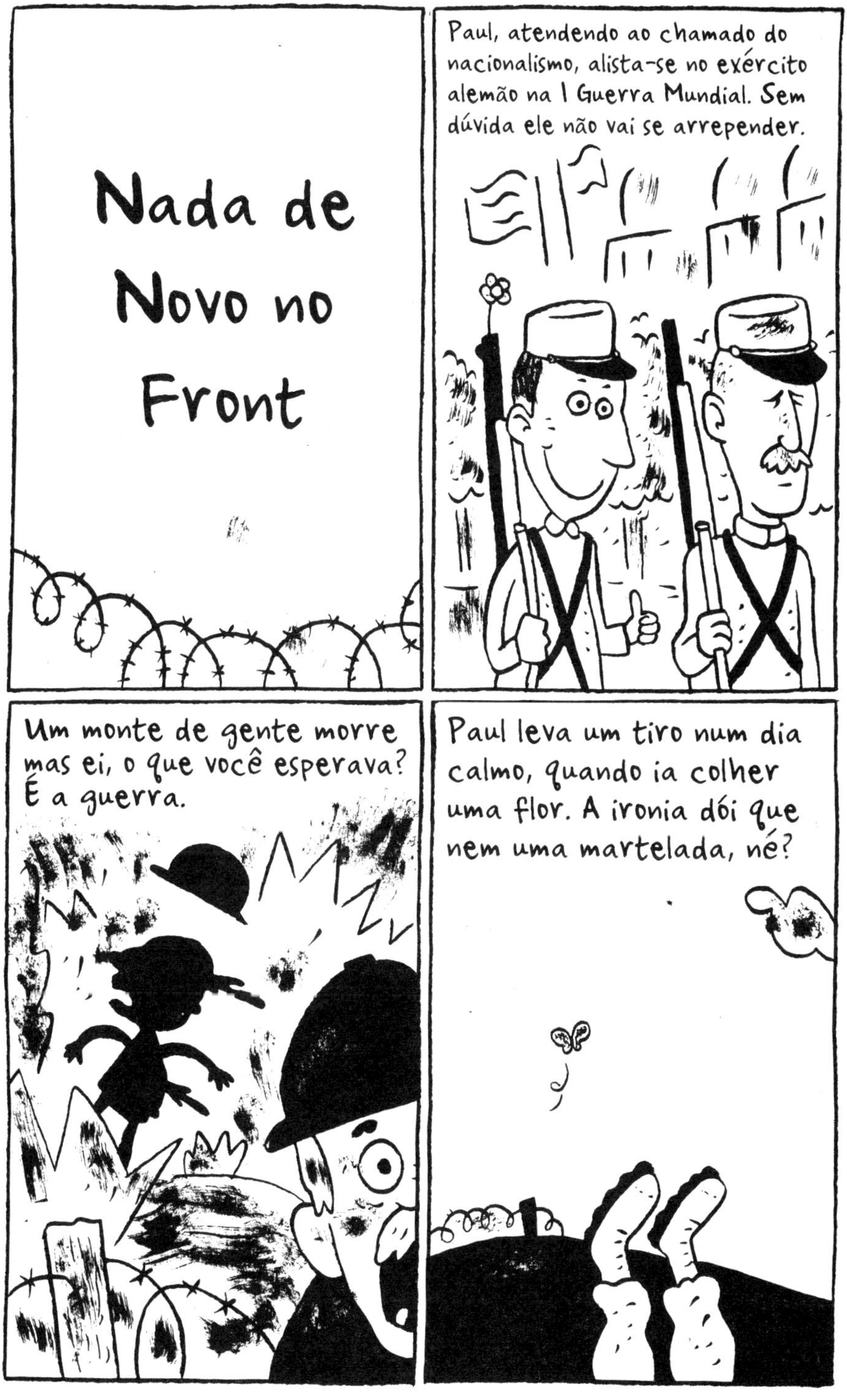
Nada de Novo no Front
Paul, atendendo ao chamado do nacionalismo, alista-se no exército alemão na I Guerra Mundial. Sem dúvida ele não vai se arrepender.
Um monte de gente morre mas ei, o que você esperava? É a guerra.
Paul leva um tiro num dia calmo, quando ia colher uma flor. A ironia dói que nem uma martelada, né?

O coração denunciador
The Tell-Tale Heart, 1843
Edgar Allan Poe (1809-1849)

O Coração Denunciador

O Narrador decide matar o velho que morava com ele, o qual tinha um olho atrofiado que lhe dava repulsa.

Ele esquartejou o velho muito bem esquartejadinho e escondeu os pedaços debaixo das tábuas do assoalho, do mesmo jeito que Martha Stewart faria.

Quando a polícia chega, ele escuta as batidas do coração do cara, pira e confessa. Lição: se você cometer um crime, sempre tenha um plano de fuga.

O submarino
Das Boot, 1973
Lothar-Günther Buchheim (1918-2007)

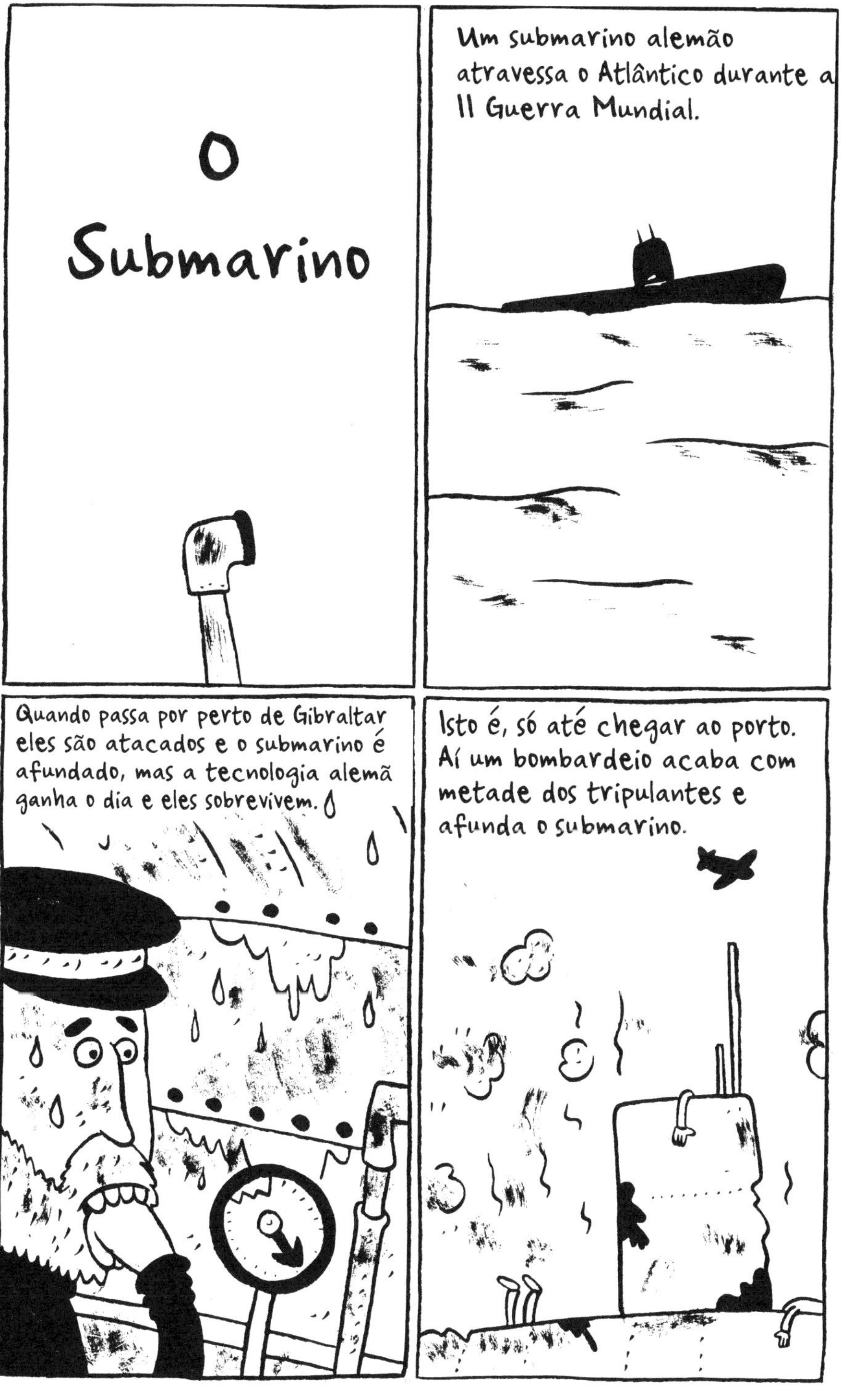
O Submarino
Um submarino alemão atravessa o Atlântico durante a II Guerra Mundial.
Quando passa por perto de Gibraltar eles são atacados e o submarino é afundado, mas a tecnologia alemã ganha o dia e eles sobrevivem.
Isto é, só até chegar ao porto. Aí um bombardeio acaba com metade dos tripulantes e afunda o submarino.

Watchmen
Watchmen, 1986-1987
Alan Moore (1953-)

Watchmen

Um super-herói chamado O Comediante morre. Isso não tem graça nenhuma.

O Coruja e Rorschach (o cara que tem um baita problema de acne) descobrem os planos de Veidt de destruir Nova York com uma criatura do mal.

E sim, Nova York vai pro saco e os poderes do mundo se juntam pra deter a criatura. Ah, Nova Jersey também se salva, caso alguém esteja interessado. Mas provavelmente ninguém dá a mínima pra isso.

Um estranho no ninho
One flew over the cuckoo's nest, 1962
Ken Kesey (1935-2001)

Um Estranho no Ninho

Randle McMurphy se faz de maluco pra ser transferido de uma prisão para um hospital psiquiátrico e a festa começa.

Ele começa a barbarizar e ainda estupra o gaguinho Billy Bibbit. Mas a enfermeira Ratched não gosta disso e ameaça dedurar pra mãe do Billy, e ele acaba se matando. Aí o McMurphy tenta estrangular ela.

Eles fazem uma lobotomia no McMurphy e em outro paciente. Chefe, o narrador, fica com pena e sufoca ele e então foge.

Thérèse Raquin
Thérèse Raquin, 1867
Émile Zola (1840-1902)

Thérèse Raquin

Thérèse é forçada a se casar com o primo dela, o panaca do Camille.

Mas ela não aguenta o filhinho da mamãe e acaba dando pro amigo dele, Laurent (que não tem mais dinheiro pra bancar prostitutas) e eles afogam Camille.

Se livraram do filho mas não da mãe, que passa a atormentá-los. Aí, quando ela morre, decidem matar um ao outro, mas resolvem pegar leve e simplesmente cometem suicídio. Casal maneiro, esse.

Nosso homem em Havana
Our man in Havana, 1958
Graham Greene (1904-1991)

Nosso Homem em Havana

Wormold é um vendedor de aspiradores de pó em Havana, onde vive com sua filha Milly. Por acidente ele é recrutado pelo Serviço Secreto britânico.

Ele inventa histórias sobre um novo foguete, que na verdade é um diagrama de um aspirador de pó. Começa uma guerra de espiões.

Wormold se manda, mata os espiões inimigos, e os ingleses ficam tão embaraçados que o condecoram em Londres. Tudo por causa de aspiradores de pó!

A fantástica fábrica de chocolate
Charlie and the Chocolate Factory, 1964
Roald Dahl (1916-1990)

A Fantástica Fábrica de Chocolate

Charlie consegue o que qualquer criança queria: um convite pra visitar a fábrica de chocolate de Willy Wonka.

Bem, Wonka é bem esquisitão e os outros moleques da história até fazem os Oompa Loompas parecerem normais. Um a um, os quatro outros garotos são eliminados.

Charlie é o único que escapa e ganha o grande prêmio: a própria fábrica!

Tomara que ele não dê uma de transformar crianças em amoras que nem o Willy Wonka.

Romeu e Julieta
Romeo and Juliet, 1597
William Shakespeare (1564-1616)

Romeu

e

Julieta

Romeu e Julieta estão apaixonados, mas suas famílias são rivais. Ele faz serenatas pra ela debaixo da sua sacada. Romeu é um cantor e tanto.

Mas a coisa se complica. Romeu é expulso depois que mata o primo de Julieta, e ela simula a própria morte.

Todo mundo cai nessa, inclusive o próprio Romeu. Desesperado, ele se mata.

Ela acorda, vê ele morto e se mata. Uma comédia de erros completa.

Frankenstein
Frankenstein, 1818
Mary Shelley (1797-1851)

Frankenstein

O Dr. Frankenstein é um cientista que brinca de Deus e constrói "a Criatura", que é feita de partes de diferentes corpos. Meio como um ensopado feito com sobras de comida.

A criatura, que compreensivelmente tem baixa autoestima, começa a matar pessoas próximas a Frankenstein só de vingança.

Frankenstein vai atrás da criatura mas o perde no Polo Norte, morre e depois a própria Criatura morre também.

E a história acaba aí.

Robinson Crusoé

Robinson Crusoe, 1719

Daniel Defoe (1659/1661–1731)

Robinson Crusoé

Crusoé, um homem envolvido em vários naufrágios, acaba dando numa ilha deserta... sem TV!!!

Ele consegue passar mais de 25 anos desejando que a TV a cabo apareça por lá.

Canibais aparecem e ele salva um dos prisioneiros deles, e lhe dá o nome de Sexta-Feira. Finalmente um navio aparece e resgata o Crusoé, que volta pra casa torcendo para que sua desgraça vire um reality show da FOX.

O cão dos Baskervilles

The Hound of the Baskervilles, 1901-1902

Arthur Conan Doyle (1859-1930)

O Cão dos Baskervilles

Sherlock Holmes é chamado quando Charles Baskerville é encontrado morto por causa de um cão feroz.

Todo mundo é suspeito! Em quem confiar? Em ninguém, quando você é Sherlock Holmes. Muito menos naquele patife do Stapleton.

Nem mesmo um nevoeiro londrino consegue deter Holmes, que descobre que Stapleton era o assassino que tava de olho na grana do Baskerville e usou um cão deformado. A Sociedade Protetora dos Animais teria dado cabo do Stapleton de qualquer jeito.

O lobo da estepe
Der Steppenwolf, 1928
Herman Hesse (1877-1962)

O Lobo da Estepe

Harry Haller é um escritor que (essa é de lascar) não regula bem. Ele lê sobre um lobo solitário e decide tirar a própria vida.

Harry conhece Hermine num baile e ela começa a ensinar a ele como viver.

Mais tarde num baile de máscaras Harry mata Hermine e descobre que a vida é o que é. E ele continua mal-humorado.

MERDA

Factótum

Factotum, 1975

Charles Bukowski (1920-1994)

Factótum

Henry Chinaski bebe.

E dorme com putas.

E bebe mais.

É o estilo Bukowski de vida.

Orgulho e preconceito
Pride and Prejudice, 1813
Jane Austen (1775-1817)

Orgulho e Preconceito

A confusão começa quando dois jovens e ricos solteiros ingleses, Bingley e Darcy, se mudam para a aldeia de Meryton.

Darcy pede Elizabeth em casamento e ela recusa, porque ele é um inglês metido a besta.

Mas Elizabeth descobre que Darcy não é um cara tão mau e acaba concordando em se casar com ele. E um novo gênero começa, para dar bastante trabalho a Hugh Grant.

Os nus e e os mortos
The Naked and the Dead, 1948
Norman Mailer (1923-2007)

Os Nus e os Mortos

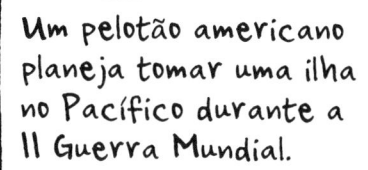

Um pelotão americano planeja tomar uma ilha no Pacífico durante a II Guerra Mundial.

O pelotão é forçado a subir o monte Anaka antes de ter que fugir de um pelotão de vespas. Lição: armas não funcionam contra insetos.

Os japoneses são expulsos da ilha mas os americanos ficam apenas meio-felizes com isso. É meio que nem beijar a própria irmã: você fica feliz porque conseguiu alguma coisa, mas não muito excitado quanto à realidade da parada.

2001: uma odisseia no espaço
2001: A Space Odissey, 1968
Arthur C. Clarke (1917-2008)

2001: Uma Odisseia no Espaço

A espaçonave Discovery One está indo pra Saturno com o computador HAL 9000 no comando da parada.

David Bowman resolve desligar HAL depois que esse computador pirado mata todos os outros astronautas. HAL é do mal!

Bowman consegue chegar a Saturno onde se torna imortal ao atravessar um portal que o leva a outro universo. Mas provavelmente ele sente falta do HAL até hoje.

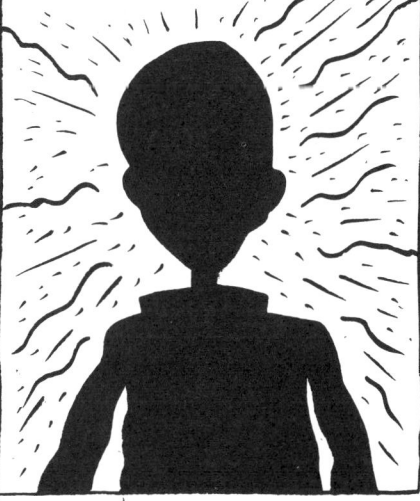

Oliver Twist

Oliver Twist, 1839

Charles Dickens (1812-1970)

Oliver Twist

Oliver, um órfão na Inglaterra, é recrutado pelo criminoso Fagin.

Ele passa a viver uma vida de crimes com Fagin, sendo destruído por seu meio-irmão Monk, e sua amiga Nancy é assassinada. É fogo ser órfão num livro de Dickens, né?

Ou será que não? Mr. Brownlow leva Oliver para uma vida feliz no campo. Finalmente um final feliz!

Fome

Sult, 1890

Knut Hamsun (1859-1952)

Fome

Nosso narrador é um jovem homem faminto. Ele tenta sobreviver como escritor mas nunca pensa em conseguir um emprego.

Ele conhece Ylajali e se apaixona por ela. Mas ele ainda é um faminto e logo ela dá um pé na bunda dele. Até que um contracheque podia ajudar.

Aí ele se manda da cidade num navio como membro da tripulação. Milagre dos milagres, ele finalmente arruma um emprego.

O alquimista, 1988
Paulo Coelho (1947-)

O Alquimista

Santiago, um pastor espanhol, sonha que encontra um tesouro nas pirâmides.

Ele encontra um alquimista na África e aprende truques de como se transformar em vento. Ah! O simbolismo!

Ele descobre, depois de levar muita porrada perto das pirâmides, que na verdade o tesouro tava na casa dele. Aí acaba rico no fim. Bom pra ele.

Este livro foi composto na tipologia Ampersand,
em corpo 16/19,2, impresso em papel off-white 90g/m²,
na gráfica Markgraph.